Os Restauradores

Artes&Ofícios 3

Dirigida por Beatriz Mugayar Kühl

Os Restauradores
Conferência feita na Exposição de Turim em 7 de junho de 1884

Camillo Boito

Tradução
Paulo Mugayar Kühl
Beatriz Mugayar Kühl

Apresentação
Beatriz Mugayar Kühl

Revisão
Renata Maria Parreira Cordeiro

Ateliê Editorial

Título do original em italiano
I Restauratori: Conferenza tenuta all'Esposizione di Torino il 7 giugno 1884

Direitos reservados e protegidos pela Lei 9.610 de 19.02.98.
É proibida a reprodução total ou parcial sem autorização,
por escrito, da editora

Copyright © 2002 Beatriz Mugayar Kühl e Paulo Mugayar Kühl

1ª edição, 2002
2ª edição, 2003
3ª edição, 2008
4ª edição, 2014
1ª reimpressão, 2016
2ª reimpressão, 2018
5ª edição, 2022

Dados Internacionais de Catalogação na Publicação (CIP)
(Câmara Brasileira do Livro, SP, Brasil)

Boito, Camillo, 1836-1914.
　　Os restauradores: conferência feita na exposição de
Turim em 7 de junho de 1884 / Camillo Boito; tradução
Paulo Mugayar Kühl, Beatriz Mugayar Kühl; apresentação Beatriz Mugayar Kühl; revisão Renata Maria Parreira
Cordeiro. – 5. ed. – Cotia-SP: Ateliê Editorial, 2021. –
(Artes&Ofícios, 1)

Título original: I Restauratori
ISBN – 978-65-5580-049-4

　　1. Arte – Conservação e restauração 2. Arte – Conservação e restauração – Exposições I. Kühl, Beatriz
Mugayar. IV. Cordeiro, Renata Maria Parreira. V. Título VI. Série.

21-93437   CDD-702.8801

Índices para catálogo sistemático:
1. Restauração: Artes: Teoria   702.8801

Maria Alice Ferreira – Bibliotecária – CRB-8 / 7964

Direitos reservados à
ATELIÊ EDITORIAL
Estrada da Aldeia de Carapicuíba, 897
06709-300 – Cotia – SP – Brasil
Telefax: (11) 4702-5915
www.atelie.com.br | contato@atelie.com.br
facebook.com/atelieeditorial | blog.atelie.com.br
instagram.com/atelie_editorial

Foi feito depósito legal
Printed in Brazil 2022

Sumário

Os Restauradores e o Pensamento de Camillo Boito
sobre a Restauração 9
Beatriz Mugayar Kühl

Os Restauradores 29
Conferência feita na Exposição de Turim em 7
de junho de 1884
Camillo Boito

Os Restauradores e o Pensamento de Camillo Boito sobre a Restauração

Beatriz Mugayar Kühl

Camillo Boito (1836-1914) é figura de grande destaque no panorama cultural do século XIX. Foi arquiteto, restaurador, crítico, historiador, professor, teórico, literato e um analista dos mais argutos de seu próprio tempo, tendo papel relevante na transformação da historiografia da arte e na formação de uma nova cultura arquitetônica na Itália. Como restaurador e teórico, tem um lugar consagrado pela historiografia da restauração, sendo a ele reservada uma posição moderada e intermediária entre Viollet-le-Duc, cujos preceitos seguiu durante certo tempo, e Ruskin, sintetizando e elaborando princípios que se encontram na base da teoria contemporânea de restauração[1].

1. Existe uma abundante bibliografia sobre a obra de Boito, sendo ele tam-

Nascido em Roma, era o filho primogênito da condessa polonesa Giuseppina Radolinska e de Silvestro Boito (1802-1856), pintor originário de Polpet (Belluno) que gozava de alguma reputação como retratista e que desenvolveu sua carreira em várias cidades, tais como Viena, Pádua, Florença e Roma, estabelecendo-se por certo tempo em Veneza. Outro filho do casal também alcançou grande notoriedade, o poeta, libretista e músico Arrigo Boito (1842-1918).

Foi em Veneza que Camillo Boito[2] começou sua formação como arquiteto, entrando na Academia de Belas Artes em 1849. No início, seu estudo esteve vinculado ao neoclassicismo de seus primeiros mestres. Mas, posteriormente, adotou ideias difundidas por Pietro Selvatico Estense (1803-1880) na Academia, o qual procurou introduzir o estudo da arte medieval da Itália, vista por ele como uma expressão autêntica de seu povo, em contraposição ao ensino, que considerava aberrante, das velhas escolas.

bém autor de numerosos textos. Para referências bibliográficas mais completas, ver Camillo Boito, *Il Nuovo e l'Antico nell'Architettura* (organizado por Maria Antonietta Crippa), Milano, 1988; Alberto Grimoldi (org.), *Ommaggio a Camillo Boito*, Milano, Electa, 1991; e Marco Maderna, *Camilo Boito. Pensiero sull'Architettura e Dibattito Coevo*, Milano, Guerini, 1995.

2. Para os dados biográficos de Boito, cf. o verbete "Boito, Camillo" de E. Giachery e G. Miano, *Dizionario Biografico degli Italiani*, Roma, Istituto della Enciclopedia Italiana Treccani, 1969, vol. 11, pp. 237-242. Ver também o verbete "Boito, Camillo", escrito por Gustavo Giovannoni, *Enciclopedia Italiana*, Roma, Istituto della Enciclopedia Italiana Treccani, 1930, vol. 7, p. 295.

Boito formou-se em um ambiente veneziano onde havia uma confluência de intelectuais empenhados no estudo da Idade Média, desenvolvendo grande interesse pelo tema. Exemplo é dado pelo próprio Selvatico, que estava publicando obras consistentes sobre a arte medieval italiana[3], e de Ruskin que frequentava Veneza e conhecia Selvatico[4]. Nesse período estavam em curso tentativas de unificação e libertação da Itália, e a arquitetura medieval era vista por muitos como revestida de caráter nacionalista.

Depois de se formar na Academia, Boito começou a colaborar como professor, intermitentemente, e em 1856 iniciou suas viagens de estudo a Roma e a Florença, também em razão de seus problemas com o governo austríaco, elaborando pesquisas e publicando textos sobre a arte medieval. Após um longo período, em que passou também por outras cidades, Boito estabeleceu-se em Milão, onde vivia o irmão Arrigo, assumindo em 1860 um posto de professor de arquitetura na Academia de Belas Artes de Brera, que fora ocupado por Friedrich F. von Schmidt (1825-1891), um dos mais proeminentes difusores do neogótico. Permaneceu na cátedra até 1909,

3. Cf. por exemplo as obras de Selvatico: *Sull'Architettura e sulla Scultura in Venezia. Dal Medio Evo sino ai Giorni Nostri. Studi di Pietro Selvatico per Servire de Guida Estetica*, Venezia, 1847; *Storia Estetico-Critica delle Arti del Disegno, Ovvero l'Architettura, la Pittuta e la Statuaria [...] Fino al Secolo XVI*, 2 vols., Venezia, 1852-1856.
4. Cf. as informações e referências apresentadas por Guido Zucconi, *L'Invenzione del Passato. Camillo Boito e l'Architettura Neomedievale*, Venezia, Marsilio, 1997, pp. 67-72. Ruskin cita Selvatico em *The Stones of Venice*, 1851-1853.

dirigindo a Academia por muito tempo, além de ter atuação relevante também junto ao Politécnico. Através de sua atividade como professor, historiador e teórico, teve papel significativo na transformação da cultura arquitetônica no país e de seu ensino.

Boito reconhece em Viollet-le-Duc um teórico de grande importância para a difusão dos conhecimentos sobre a arquitetura medieval, que tiveram repercussão também na Itália. Na França e na Itália, a busca da afirmação da nacionalidade, os estudos sobre a história da arquitetura e as políticas de preservação de monumentos históricos estão associados a um renovado interesse pela Idade Média que, no caso italiano, foi mais acentuado somente a partir de meados do século, com as tentativas mais incisivas de unificação do país[5].

Assim como Selvatico, Boito escreveu textos de valia sobre a arquitetura medieval italiana, a exemplo de *Architettura del Medio Evo in Italia*, editado em Milão, em 1880, para o qual redigiu uma introdução "Sullo Stile Futuro dell'Architettura Italiana". Nesse ensaio, Boito busca nas lições da arquitetura do passado subsídios para a criação contemporânea, não pela adoção pura e simples de estilos, mas pela análise de seus princípios

---

5. *Idem*, p. 26. Zucconi apresenta em seu livro análises sobre a atuação de Boito na releitura da arquitetura medieval italiana, com conceitos ligados ao romantismo e ao neomedievalismo, no contexto do movimento neomedieval italiano. O livro contém ainda referências bibliográficas, algumas delas relacionadas a escritos de outros autores do século XIX sobre a arte medieval italiana, oferecendo um amplo panorama do tratamento da questão.

de composição para alcançar a verdade em relação a formas, materiais e função, lançando fundamentos para uma nova arquitetura, que procurou estabelecer não somente através de seus textos, mas também através de sua obra construída[6]. O papel de Boito como crítico de arte, e da arquitetura em particular, foi da maior importância, opondo-se ferrenhamente à apropriação acrítica dos variados estilos do passado, postura comum a muitos arquitetos do período, mostrando ceticismo em relação à falta de uma linguagem artística própria à época.

Boito desenvolveu também a atividade de arquiteto restaurador. Desde o início dos anos 1850 foram criados instrumentos legais para a proteção de monumentos na região de Veneza e Selvatico assumiu papel proeminente. Nesse contexto, Boito foi encarregado em 1858 de restaurar a Basílica dos Santos Maria e Donato em Murano, que fora consagrada em 999, e que passou por sucessivas transformações. Boito fundamentou seu trabalho em análises aprofundadas da obra, procurando apreender seus aspectos formais e técnico-construtivos, baseado em estudos documentais e na observação, bem como em levantamentos métricos do edifício. Fez largo uso de desenhos e também de fotografias, examinando a configuração geral do complexo e seus detalhes construtivos e

---

6. Sobre os aspectos prospectivos de uma nova arquitetura nos textos e na obra construída de Boito, além de relações com sua atuação como restaurador, cf. Liliana Grassi, "L'Intuizione Moderna nel Pensiero di Camillo Boito", *Casabella Continuità*, 1955, n. 208, pp. 70-78 e, da mesma autora, *Camillo Boito*, Milano, Il Balcone, 1959.

ornamentais. Sua interpretação do monumento e sua postura de projeto, então, levaram-no a propor a preservação da pátina ao mesmo tempo que preconizava a demolição de certos elementos acrescentados com o tempo, entre eles a fachada, e a remoção dos acréscimos barrocos no interior. Buscou ainda certa unidade de estilo, propondo a construção de novos elementos, a exemplo da própria fachada, que não chegou a ser construída segundo seu projeto. Boito fez um projeto calcado no historicismo, através da retomada de elementos compositivos da construção primitiva e da análise da arquitetura do período, mas sem ter indícios relevantes do que teria sido a fachada original[7]. Na intervenção feita na Porta Ticinese em Milão, datada de 1861, Boito liberou a construção de edifícios a ela adossados e também fez propostas de intervenções "em estilo", buscando a unidade formal e um suposto estado inicial[8]. Notam-se, portanto, traços, nessas primeiras obras, da difusão do pensamento sobre restauração de Viollet-le-Duc, a quem Boito dirigiu elogios em determinados textos.

Entre seus numerosos escritos[9], alguns foram dedicados à restauração, tratando da análise das interven-

7. Para maiores informações sobre a restauração da igreja e para referências bibliográficas complementares sobre o assunto, ver Zucconi, *op. cit.*, pp. 89-94; Francesco Bocchino, "Camillo Boito e la Dialettica tra Conservare e Restaurare", em Stella Casaiello (org.), *La Cultura del Restauro. Teorie e Fondatori*, Venezia, Marsilio, 1996, pp. 152-157; e Vincenzo Fontana, "Camillo Boito e il Restauro a Venezia", *Casabella* n. 472, 1981, pp. 48-53.
8. Miano, *op. cit.*, p. 238; Bocchino, *op. cit.*, pp. 157-160.
9. Para uma lista completa dos escritos de Boito, ver Maderna, *op. cit.*, pp.

ções, ou da formulação de princípios gerais, a exemplo de *Os Restauradores*, uma conferência apresentada durante a exposição de Turim em 1884[10] e publicada no mesmo ano. Essa obra reveste-se de grande importância, pois é um dos textos em que Boito sintetizou experiências e conceitos associados à restauração, que se acumularam no decorrer do tempo, reformulando-os e estabelecendo alicerces importantes para a teoria contemporânea.

A restauração, até se firmar como ação cultural no século XIX, passou por lento processo de maturação no decorrer do tempo. Anteriormente, as intervenções feitas em edifícios preexistentes eram resultado, geralmente, de exigências práticas e voltadas para sua adaptação às necessidades da época. Mesmo aquelas ações que poderiam ser consideradas tentativas de restauração eram comumente consequência de algum problema de ordem pragmática, não tendo a carga cultural que a questão assumiu a partir do século XIX.

No entanto, várias das noções ligadas ao restauro, que floresceram sobretudo a partir do Renascimento, amadureceram gradualmente no período que se estende dos séculos XV ao XVIII, e foram conjugadas no estabelecimento das teorias de restauração: o respeito pela matéria original, a ideia de reversibilidade e distinguibilidade,

97 e ss. Os textos são apresentados por ordem cronológica (a primeira publicação de Boito data de 1856) e por assunto. Vendo-se a lista apresentada a respeito de restauro e conservação (pp. 126-127), foram listados 16 textos, o primeiro deles datado de 1857.

10. Para maiores informações sobre a Exposição de Turim e para uma bibliografia complementar sobre o assunto, ver Maderna, *op. cit.*, pp. 95-96.

a importância da documentação e de uma metodologia científica, o interesse por aspectos conservativos e de mínima intervenção, a noção de ruptura entre passado e presente. A partir da segunda metade do século XVIII, a restauração passou a se afastar cada vez mais das ações ditadas por razões pragmáticas e assumiu aos poucos uma conotação fundamentalmente cultural, baseada em análises sistemáticas, com maior rigor e método nos procedimentos, e com o julgamento alicerçado no conhecimento histórico e em análises formais[11]. Vários fatores contribuíram nesse processo, tais como o Iluminismo, as reações às destruições maciças posteriores à Revolução Francesa, as profundas e aceleradas transformações geradas pela Revolução Industrial na Grã-Bretanha, alterando a relação de uma dada cultura com o seu passado e dando origem a uma nova maneira de encarar o legado cultural, que resultaria nos movimentos para a preservação e restauração de monumentos.

Esse processo se foi consolidando no século XIX, através de formulações teóricas, de experiências sistemáticas de inventário e de intervenções sobre os monumentos, verificando-se várias vertentes. Uma delas foi encabeçada por Eugène Emmanuel Viollet-le-Duc, que almejava atingir um estado completo idealizado do edi-

---

11. Para uma análise das transformações ocorridas no período (e também em épocas posteriores até os debates contemporâneos) e para referências complementares, ver Jukka Jokilehto, *A History of Architectural Conservation*, Oxford, Butterworth Heinemann, 1999, pp. 1-68 e Giovanni Carbonara, *Avvicinamento al Restauro*, Napoli, Liguori, 1997, pp. 49-74.

fício, com o objetivo, geralmente, de alcançar a unidade de estilo, não importando se, para tanto, tivessem que ser sacrificadas várias fases da passagem da obra no decorrer do tempo e feitas substituições maciças. Outra vertente tinha entre seus principais formuladores John Ruskin e William Morris, e preconizava um grande respeito pela matéria original, pelas marcas da passagem do tempo na obra, aconselhando manutenções periódicas, mas admitindo a possibilidade de "morte" de uma dada edificação. Havia também a restauração voltada para a arqueologia, sendo de grande repercussão alguns exemplos realizados em Roma no começo do século XIX, principalmente aqueles de Raffaele Stern (1774-1820) e Giuseppe Valadier (1762-1839). Os casos mais conhecidos foram os trabalhos realizados no Coliseu e no Arco de Tito[12]. O Coliseu encontrava-se em estado precário no início do século XIX, depois de séculos de variada sorte e de servir como fonte de materiais de construção. Durante o papado de Pio VII (1800-1823) resolveu-se consolidá-lo, sendo os trabalhos confiados a Stern, com a colaboração de G. Camporesi e G. Palazzi, e as obras iniciadas em 1806. Optou-se pela construção de um esporão oblíquo de tijolos em uma das extremidades da curvatura externa, uma intervenção verdadeiramente conservativa, ao se decidir preservar o quanto possível e consolidar os elementos tal

---

12. Para uma aprofundada discussão sobre as obras realizadas no início do século XIX em Roma, ver Marita Jonsson, *La Cura dei Monumenti alle Origini. Restauro e Scavo di Monumenti Antichi a Roma 1800-1830*, Stockholm, Skrifter Utgivna av Svenska Institutet, 1986.

como se encontravam. Foram mantidos, inclusive, os testemunhos dos processos de degradação, podendo-se apreciar os mecanismos do desabamento então em curso. O outro extremo do anel externo, por sua vez, foi consolidado durante o papado de Leão XII (1823-1829), sendo o projeto de Valadier aprovado em 1823. O arquiteto promoveu a reconstituição e a retomada das formas primitivas, construindo arcos em número decrescente de baixo para cima. Foi empregado o tijolo, que deveria ter recebido um revestimento imitando o travertino, mas permaneceu aparente, e em alguns casos específicos, o próprio travertino, sendo possível diferenciar a intervenção dos elementos originais pela mudança de material. Outro caso exemplar foi a restauração do Arco de Tito, executada entre 1817 e 1824 por Stern e Valadier. O arco esteve durante certo tempo adossado a muros e sobreviviam elementos originais apenas de sua parte central. As escavações revelaram partes da fundação, auxiliando na restituição das proporções primitivas. Stern havia começado a execução dos novos elementos a serem integrados, quando morreu. Valadier assumiu a obra e deu prosseguimento ao trabalho, como iniciado. O arco teve suas partes desmontadas e depois remontadas cuidadosamente em um novo arcabouço de tijolos. Nas partes reconstituídas foi empregado o travertino em lugar do mármore grego, e foram usadas formas simplificadas, permitindo a sua diferenciação dos elementos originais[13].

13. Paolo Marconi contesta a vontade deliberada da distinguibilidade da in-

Essas experiências díspares e, até mesmo, antitéticas – que encontravam representantes em suas várias versões nos diversos países europeus, inclusive na Itália, onde não foram incomuns os completamentos "em estilo" e a busca do estado inicial – acabaram sendo analisadas e reformuladas por Boito no final do século XIX, consolidando uma via, conhecida na Itália como "restauro filológico", que dava ênfase ao valor documental da obra.

Boito formulou seus princípios em um ambiente de grande efervescência intelectual, e foram vários os autores que se ocuparam de temas ligados à preservação cujas obras tiveram repercussão nas elaborações de Boito, tais como Carlo Cattaneo (1801-1869), Giuseppe Mongeri, Giuseppe Fiorelli (1823-1896)[14] e Tito Vespasiano Paravicini (1832-1899). Paravicini apontava os perigos da falsificação gerada pelas restaurações e preconizava maior respeito pela matéria original, pelas marcas da passagem do tempo e pelas várias fases de uma obra arquitetônica, além de recomendar a distinguibilidade da intervenção. As atuações naquele período não seguiam apenas uma orientação. Um dos alunos de Boito em Milão, Luca Beltrami (1854-1933), por exem-

tervenção no Arco de Tito, baseado em documentos de Valadier, o qual afirma que a diferenciação do material e a simplificação formal dos elementos foram feitas por razões de economia. Cf. Marconi, *Il Restauro e l'Architetto*, Venezia, Marsilio, 1993, pp. 18-23.

14. Para as semelhanças e oposições entre Boito e Fiorelli, ver o texto de Rosa Anna Genovese, "Giuseppe Fiorelli e la Tutela dei Beni Culturali dopo l'Unità d'Italia", *Restauro* n. 119, 1992, especialmente pp. 59-76.

plo, que estudou e trabalhou na França por certo tempo, adotava postura diversa. Admitia reconstituições e intervenções seguindo o estilo original da obra, que deveriam, no entanto, ser fundamentadas em provas documentais e em evidências fornecidas pelo próprio monumento. Na prática, porém, muitas decisões foram tomadas a partir de interpretações pouco fundamentadas, ou de documentos nem sempre fidedignos, comportando certa dose de subjetividade.

O percurso de Boito não foi linear e podem ser detectadas incoerências e resultados de qualidade desigual em sua obra. Como mencionado, iniciou sua trajetória como restaurador, utilizando princípios difundidos por Viollet-le-Duc e, apenas por volta de 1880, formularia textos em que assumiu uma posição renovada e independente, mas nem sempre livre de contradições. Dentro de sua vasta obra, os escritos voltados diretamente para a restauração não são tão abundantes, e sua atuação no campo, apesar de relevante, teve um impacto restrito na época. O alcance de seu trabalho naquele momento tem sido revisto de maneira crítica mais recentemente[15], apontando-se a sua limitação, os paradoxos e o fato de apenas uma faceta de seu pensamento sobre a restauração ter sido consagrada pela historiografia. Mas, justamente, algumas de suas formulações se revestem de grande importância pela repercussão que tiveram no século XX, abrindo caminhos para a moderna teoria da restauração.

---

15. Cf. os estudos citados por Bocchino, *op. cit.*, pp. 150-155.

Entre os escritos de Boito consagrados à restauração, vários foram voltados para a análise de casos e propostas de restauração. A partir dos anos 1880 consagrou grande parte de seus esforços para conceituações gerais sobre a restauração e para o estabelecimento de uma política de tutela respeitosa em relação às obras, resultando na elaboração de diretrizes que começaram a circular na Itália por essa época[16]. Teve atuação primordial durante o Congresso dos Engenheiros e Arquitetos Italianos realizado em Roma em 1883, propondo critérios de intervenção em monumentos históricos que depois seriam adotados pelo Ministério da Educação. Foram enunciados sete princípios fundamentais: ênfase no valor documental dos monumentos, que deveriam ser preferencialmente consolidados a reparados e reparados a restaurados; evitar acréscimos e renovações, que, se fossem necessários, deveriam ter caráter diverso do original, mas não poderiam destoar do conjunto; os complementos de partes deterioradas ou faltantes deveriam, mesmo se seguissem a forma primitiva, ser de material diverso ou ter incisa a data de sua restauração ou, ainda, no caso das restaurações arqueológicas, ter formas simplificadas; as obras de consolidação deveriam limitar-se ao estritamente necessário, evitando-se a perda dos elementos característicos ou, mesmo, pitorescos; respeitar as várias fases do monumento, sendo a remoção de ele-

---

16. Sobre esse aspecto da atuação de Boito, ver Giuseppe Rocchi, "Camillo Boito e le Prime Proposte Normative del Restauro", *Restauro* n. 15, 1974, pp. 5-88.

mentos somente admitida se tivessem qualidade artística manifestamente inferior à do edifício; registrar as obras, apontando-se a utilidade da fotografia para documentar a fase antes, durante e depois da intervenção, devendo o material ser acompanhado de descrições e justificativas e encaminhado ao Ministério da Educação; colocar uma lápide com inscrições para apontar a data e as obras de restauro realizadas[17].

Muitos desses argumentos foram retomados e desenvolvidos por Boito em escritos posteriores, entre eles na obra *Os Restauradores*, em que ele se dedicou não apenas à arquitetura, mas também à escultura e à pintura. Boito julgava o período em que vivia peculiar, afirmando que a restauração só poderia encontrar seu caminho justamente em uma época como aquela, em uma sociedade que, não tendo um estilo que lhe fosse próprio nas artes, fosse capaz de entender, analisar e apreciar obras de vários períodos. Considera como essencialmente diversas a conservação e a restauração[18], insistindo que a conservação é, muitas vezes, a única coisa a se

---

17. O texto das recomendações está em Camillo Boito, *Questioni Pratiche di Belle Arti*, Milano, Hoepli, 1893, pp. 28-29. Na primeira delas, Boito retoma a máxima de Adolphe Didron, que afirmou: "No que tange aos monumentos antigos, é melhor consolidar do que reparar, reparar do que restaurar, restaurar do que refazer, refazer do que embelezar; em nenhum caso se deve acrescentar e, sobretudo, nada suprimir". *Apud* Carbonara, *op. cit.*, pp. 107-108. A citação original provém de *Bulletin Archéologique du Comité Historique des Arts et Monuments*, 1839, vol. 1, p. 47.
18. Boito retoma essas questões em outros escritos, a exemplo do artigo "I Nostri Vecchi Monumenti, Conservare o Restaurare", aparecido em *La Nuova Antologia*, Giugno 1886, vol. 87, pp. 480-506.

fazer, além de ser obrigação de todos, da sociedade e do governo, tomar as providências necessárias à sobrevivência do bem. Concebe a restauração como algo distinto e, às vezes, oposto à conservação, mas necessário. Constrói sua teoria justamente para estabelecer princípios de restauração mais ponderados e consequentes, uma espécie de "domesticação" do restauro, em um ambiente em que vários intelectuais desprezavam essa prática[19] e que, em relação à arquitetura, estava muito associada a Viollet-le-Duc.

Em relação à escultura, Boito chama a atenção para os perigos dos completamentos, que levaram a enganos e a modificações no próprio equilíbrio da composição de grupos escultóricos. Desde o Renascimento, tomavam-se caminhos distintos em relação às esculturas da Antiguidade, que ou eram deixadas incompletas, caso do Torso do Belvedere, ou sofriam intervenções para atingir um estado que se acreditava ser o original, com número significativo de exemplos. Em relação às esculturas, Boito considera qualquer intervenção extremamente perigosa, podendo conduzir ao erro. Além disso, acreditava que aquelas já realizadas não possuíam valor artístico que justificasse a sua manutenção, aconselhando que todos os acréscimos fossem retirados sem remissão. Menciona as técnicas de proteção de esculturas expostas às intempéries, tendo esperança que esses métodos permitissem

---

19. Para um panorama das definições de restauro e para a opinião de alguns intelectuais italianos daquele período sobre a restauração e os restauradores, ver Rocchi, *op. cit.*, pp. 41-46.

que, um dia, exemplares guardados em museus pudessem voltar ao seu local de origem. Cita o Davi de Michelangelo, apontando a importância do ambiente para a apreciação e leitura da obra, tema que retomou também em outros de seus escritos em relação à arquitetura. No que tange à pintura, compara as intervenções às técnicas do cirurgião, reconhecendo ser a restauração às vezes necessária para salvar e dar nova vida, em casos extremos, não através de vernizes milagrosos, mas pela possibilidade de transposição da camada pictórica para um suporte são. Admite, portanto, a separação entre a camada pictórica, a imagem, de seu suporte, que poderia ser modificado ou sofrer intervenções mais profundas. Enuncia, como conclusão, um princípio geral que permanece basilar no restauro: a mínima intervenção.

No que se refere à arquitetura, Boito se coloca de forma crítica em relação às propostas de Viollet-le-Duc e às de Ruskin. Quanto às posturas derivadas de Ruskin, Boito as considera de uma lógica impiedosa, por interpretar que o edifício deveria apenas ser deixado à própria sorte e cair em ruínas, desconsiderando os apelos de Ruskin pelas conservações periódicas para assegurar a sua sobrevivência. No que tange a Viollet-le-Duc, aponta os perigos de se querer alcançar um estado completo que pode não ter existido nunca, devendo o arquiteto restaurador, para tal, colocar-se na posição do arquiteto inicial. Indica a consequente e inevitável arbitrariedade que resulta dessa postura e enfatiza ainda os riscos de falsificação desse tipo de restauro, afirmando que quanto mais bem for conduzida a operação, maior será a possibilidade de engano[20]. Chama atenção para o fato de existirem outras posturas na França, mesmo dentro do próprio governo, mais moderadas, mas que permaneceram letra morta. Insiste na necessidade de conservações periódicas para se tentar evitar a restauração, mas admite que o restauro pode ser necessário para não se abdicar do dever de preservar a memória. A restauração é, portanto, encarada por ele como um mal necessário, comparando a arte do restaurador à do cirurgião, através de uma provocação: quem preferiria ver morrer o parente ou o amigo a fazer com que perdessem um dedo ou usassem uma perna de pau? Como conclusão, reitera princípios do Congresso de 1883, ao reafirmar a necessidade de se conservar o aspecto de vetustez do monumento, e preconizar que completamentos e acréscimos devam mostrar ser obras de seu próprio tempo e distintos do original.

Boito retoma os argumentos e, algumas vezes, literalmente os repete no livro *Questioni Pratiche di Belle Arti*, de 1893, sendo os dois primeiros capítulos dedicados à restauração arquitetônica em texto composto em forma de diálogo, desenvolvendo ainda mais alguns conceitos. Evidencia a relevância dos valores estéticos e históricos em uma mesma obra, mostrando que eles podem ser, e por vezes o são, contraditórios, admitindo que a beleza pode prevalecer sobre o valor histórico[21]. Classi-

---

20. Em *Questioni Pratiche di Belle Arti, op. cit.*, p. 17, Boito complementa que esses erros provêm não de ignorância, mas de método.
21. *Idem*, p. 22: "Pode-se afirmar, em geral, que o monumento tem as suas

fica a restauração arquitetônica em três diferentes tipos, arqueológica, pictórica e arquitetônica, de acordo com as principais características do edifício que deveriam ser respeitadas: a importância arqueológica, para os monumentos da Antiguidade; as características pictóricas, para os edifícios medievais, sendo importante preservar a sua aparência pitoresca; e a beleza arquitetônica, para os edifícios do Renascimento em diante[22]. Enuncia oito princípios que deveriam ser seguidos para se evidenciar que as intervenções não são antigas: diferença de estilo entre o novo e o velho; diferença de materiais de construção; supressão de linhas ou de ornatos; exposição das velhas partes removidas, nas vizinhanças do monumento; incisão, em cada uma das partes renovadas, da data da restauração ou de um sinal convencionado; epígrafe descritiva gravada sobre o monumento; descrição e fotografia dos diversos períodos das obras, expostas no edifício ou em local próximo a ele, ou ainda descrições em publicações; notoriedade[23].

Algumas propostas e posturas de Boito se consolidaram no século XX, sendo dada grande ênfase ao valor

> estratificações, como a crosta terrestre, e que todas, da profundíssima à superficial, possuem o seu valor e devem ser respeitadas. Pode-se acrescentar, ademais, que as coisas mais velhas são sempre, em geral, mais veneráveis e mais importantes do que as menos velhas; mas que, quando essas últimas se mostram mais belas do que as outras, a beleza pode vencer a velhice". [*bellezza può vincere vecchiaia*]. Na continuação, afirma: "A vaidade e a ambição do restaurador tornam-se ainda mais funestas ao monumento do que podem ser a avidez e a avareza".

22. *Idem*, p. 15.
23. *Idem*, p. 24.

documental dos monumentos históricos, procurando-se preservar como válidas as suas várias fases e apreciar seu aspecto de vetustez. Salientou-se ainda a importância da distinguibilidade e da mínima intervenção, princípios que permanecem até os dias atuais. Após reformulações, atingiu-se um período de grande equilíbrio, que se codificou em meados do século, principalmente nos anos 1960, encontrando uma certa posição de consenso internacional na Carta de Veneza, de 1964, sendo a restauração atualmente encarada como uma ação de caráter eminentemente cultural, que se transforma em um ato crítico alicerçado na análise da relação dialética entre fatores estéticos e históricos de uma dada obra.

A produção de Camillo Boito não está livre de incoerências, e as opiniões sobre sua produção são contrastantes. Mas suas pesquisas, suas reflexões críticas, seu aprendizado ao longo das próprias experiências, levaram-no a formular textos de grande interesse e consistência sobre a história da arte, a crítica arquitetônica e a restauração. Para se compreender sua obra, é necessário examiná-la em seu contexto histórico e em suas várias facetas – a de arquiteto, restaurador, historiador, escritor, professor, reformador do ensino, elaborador de novas legislações, e teórico de uma nova arquitetura, em um período em que o ecletismo reinava – para se perceber sua riqueza, contradições e aspectos prospectivos. O conjunto de suas elaborações pertence ao espectro da questão mais geral das Belas Artes, dentro do ambiente cultural, social, político-administrativo da segunda metade do século XIX na Itália. Suas proposições aparecem, então, não apenas como uma síntese da soma das várias contribuições daquele período, mas como uma verdadeira reelaboração crítica. Boito era um intelectual (e arquiteto, e restaurador, e professor, e teórico etc.) em constante busca, tanto em seus textos quanto em seus projetos, de novos caminhos para a arte de seu tempo, em meio a um momento cultural complexo e paradoxal, uma procura com resultados díspares mas com numerosas contribuições relevantes em vários campos, algumas das quais podem ser apreciadas em *Os Restauradores*.

Os Restauradores*
Conferência feita na Exposição de Turim em 7 de junho de 1884

---

* Camillo Boito, *I Restauratori. Conferenza tenuta all'Esposizione di Torino il 7 giugno 1884*, Firenze, Barbèra, 1884.

Este assunto, quando os senhores o viram anunciado, deve ter-lhes parecido muito tedioso; mas quando eu, convidado a discorrer diante de um auditório tão gentil por esses corteses evocadores da arte de quatro ou cinco séculos atrás, terminar de raciocinar, o discurso lhes parecerá ainda mais tedioso do que o tema. A culpa será toda do orador, pois o tema em si é belo e variado. Para bem restaurar é necessário amar e entender o monumento, seja estátua, quadro ou edifício, sobre o qual se trabalha, e do mesmo modo para a arte antiga em geral. Ora, que séculos souberam amar e entender as belezas do passado? E nós, hoje, em que medida sabemos amá-las e entendê-las?

Não quero demorar um minuto para dizer-lhes, senhores, para seu conforto, que nós, com relação a tais coisas, vivemos em uma era afortunadíssima; aliás, desde que o mundo é mundo, nunca houve alguma mais afortunada do que a nossa. Pode-se muito bem remexer na história do passado, moderna e antiga, de todos os países, de todos os povos: os últimos cinquenta ou sessenta anos gabam-se por estimar e por conhecer com imparcialidade tudo o que antes aconteceu em arte e em beleza. Para nós, a pirâmide egípcia, o templo grego, o anfiteatro romano, as catacumbas cristãs, o batistério bizantino, a basílica lombarda, a catedral ogival[1], os palácios do século XVI, as cártulas do século XVII, as fantasias do século XVIII, para nós não têm mistério. Entramos em todos os lugares, guiados por nosso olfato crítico, por nossa clarividência histórica; e iluminamos esplendidamente todas as coisas para os nossos contemporâneos e para a nossa posteridade.

Desenterram-se cidades desaparecidas há milhares e milhares de anos, retiram-se da tumba grandiosas civilizações ignoradas. Além de Pompeia e Herculano! E nessas grandezas procuram-se as minúcias; não se tem paz até que o tambor de uma coluna, o toco de uma estátua, o fragmento de uma palavra gravada, ou um pedaço quebrado de bronze, ouro ou argila tenham revelado à nossa impaciente e incansável curiosidade o mais ínti-

---

1. Boito utiliza os adjetivos *archiacuto(a)*, isto é, ogival, e *gotico(a)* para se referir à arte gótica. Desse modo, foi mantido na tradução o uso distinto das palavras. Todas as notas do texto são dos tradutores, que gostariam de agradecer Luciano Migliaccio por ter contribuído para a elucidação de algumas expressões idiomáticas.

mo de seus segredos. Colocamos juntos na nossa alma os monstros assírios e as serenas graças fidiescas, Mino de Fiesole e Bernini, Beato Angelico e o *mattaccio*[2] Sodoma de Vercelli, um seu piemontês.

Do burlesco Olivieri, turinense (detenhamo-nos por um instante nesta cara província), do abundante Galliari de Andorno, que tem certa analogia com Bibbiena e com Tiepolo, daquela espécie de Callot, que foi Boetto de Fossano, de Moncalvo de Monferrato, chega-se facilmente em Bernardino Lanino de Valduggia e em seu grande mestre, Gaudenzio Ferrari, também nascido em Val Sesia, a cujo sacro e estupendo monte de Varallo pretendem tributar, em pouco tempo, as honras do quarto centenário; daquele singularíssimo Defendente de Ferraris de Chivasso, de quem se admiravam as obras e se ignorava o nome até poucos anos atrás, passa-se a Gerolamo Giovenone de Vercelli, ao glorioso Ambroggio, dito Borgognone, que nasceu no vilarejo piemontês de Fossano, a Macrino d'Alba, e, mais ao alto, às pinturas na igreja do cemitério antigo de Avigliana, na igreja do cemitério de Buttigliera d'Asti, na sacristia de Santo Antônio de Ranverso em Val Susa.

Senhores, olhem em volta dessas galerias, entrem na capela aqui ao lado, sentem-se sobre os bancos entalhados na inigualável sala baronial, e admirem essa velha escola que, na arquitetura e no ornamento, quase se

2. Maluco. É como Vasari se referia a Sodoma em sua "Vida de Giovan Antonio, dito o Sodoma, de Vercelli – Pintor", em *Le Vite dei più eccellenti pittori, scultori e architetti* (1550-1568).

confunde com o ogival francês, mas na pintura dele se distancia, e não é toscana, e não é lombarda, mas mostra um sinal de natureza própria, cujo traço leve permanece, aqui e ali, na arte piemontesa até o século XVIII.

Então, nós, do bem-aventurado século XIX, temos um braço tão grande que tudo acolhe para si. Essa Fortaleza, esse Burgo não poderiam ser imaginados em nenhuma outra época. E se a Comissão para a História da Arte tivesse desejado seguir seu primeiro conceito, o de acolher em edifícios de diversas arquiteturas as ornamentações, as alfaias das principais épocas da arte, do Ano Mil em diante, teria sabido fazê-lo igualmente bem; e nós teríamos passado do grave modo românico às sutilezas ogivais, destas às purezas do Renascimento, e depois ao classicismo do *Risorgimento*, e depois às pompas barrocas e às dourações do Rococó, sempre admirando. Cem vezes melhor o Castelo; mas, em suma, se agradasse à Comissão mostrar-se eclética, certamente, hoje em dia ela teria sucesso.

E seria necessário muito estudo e muito engenho, mas menos do que teve Rafael Sanzio, que na sua conhecida carta a Leão X, corrigida talvez na forma por Castiglione, adverte como os alemães (a arte ogival era sempre chamada alemã) "frequentemente punham apenas figurinhas retraídas e malfeitas como mísula para sustentar uma viga, e animais estranhos e folhagens desajeitadas e fora de qualquer proporção natural"[3]. O famo-

---

3. Para uma edição crítica da carta, cf. E. Camesasca (ed.), *Raffaello – Gli*

so Averulino, alcunhado à grega Filarete, isto é, amante da virtude, autor do Ospedale Maggiore de Milão, onde todavia empregou o arco ogival, chama aquela maneira "uma praticazinha, e maldito seja quem a introduziu; e creio", acrescenta, "que só pode ter sido gente bárbara que a trouxe para a Itália". Palladio, depois de ter-se lançado violentamente contra alguns arquitetos ultramontanos, que se intrometeram em coisas suas, para cúmulo da injúria grita contra eles: "Mostrais o ânimo em conformidade à vossa baixa arquitetura alemã".

Eu me recordo, senhores (tinha então doze ou treze anos), dos meus primeiros dois professores de arquitetura. Eram bem velhos e morreram há mais de um quarto de século. Ambos sentiam o mais arrogante desprezo, no fundo, pela novidade, que o marquês Pietro Selvatico tanto se esforçava por introduzir na Academia de Veneza, e, não na palavra, mas na substância, falavam da arte gótica como Palladio; aliás, um deles, um homenzinho pequeno, redondo, sem barba, sorridente, calmo, havia purgado a fachada do Palácio Vendramin Calergi, aquele milagre de Pietro Lombardo que alegra o Grande Canal, e não é gótico, mas do Renascimento – ele a havia purgado segundo os preceitos de Vignola, mudando as proporções das ordens, diminuindo pela metade a última cornija, retirando as aberturas bífores das arcadas; e porque gostava de mim, e eu, devo confessar, dele gostava,

Scritti: Lettere, Firme, Sonetti Saggi Tecnici e Teorici a Cura di Ettore Camesasca, con la Collaborazione di Giovanni M. Piazza, Milão, Biblioteca Universale Rizzoli, 1994, pp. 257-322.

ele me dava, sem que Selvatico de nada soubesse, aquele castigado modelo para copiar.

Meu casto velhinho, como o abade Juvara, autor do templo de Superga, como o padre Guarini, autor do torcido e retorcido palácio Carignano, como Baccio Pintelli e Meo del Caprino, autores daquele gentilíssimo exemplar de arquitetura do Renascimento que é a catedral de San Giovanni, como os desconhecidos arquitetos que construíram o escuro Castelo, o vetusto campanário da Consolata e a Porta Palatina, todos tiveram um ideal próprio a seu tempo, de fato distinto daquele de outras épocas, um ideal único, absoluto, claro, irremovível.

Em contrapartida, para nós parece a coisa mais natural do mundo que, por exemplo, o ingresso principal da Exposição seja de estilo quinhentista, enquanto o ingresso pelo *Corso Raffaello* é de estilo mourisco; que o palácio das Belas Artes seja de modo pompeano, enquanto os outros edifícios e pavilhões são barrocos, ou suíços, ou russos, ou turcos, ou sei eu lá o quê. Antes das últimas três ou quatro gerações, ninguém teria pensado seriamente, nem mesmo para uma exposição provisória, em uma babilônia semelhante. Nós, do presente (e não falo apenas dos italianos, mas de todos os povos civis), somos poliglotas; mas a nossa língua, aquela, verdadeiramente nossa na arte, onde está? Qual será a marca artística especial que nos distinguirá das outras épocas na grande resenha dos séculos? E a era atual, no que respeita à arte, pode talvez ser chamada uma época?

Dir-nos-ão: *os restauradores*. Que glória!

Mas o curioso é que, enquanto a nossa suprema sabedoria consiste em compreender e reproduzir minuciosamente todo o passado da arte, e essa recente virtude nos torna maravilhosamente adaptados para completar as obras de todos os séculos passados, as quais nos chegaram mutiladas, alteradas ou arruinadas, a única coisa sábia que, salvo raros casos, nos resta a fazer é esta: deixá-las em paz, ou, quando oportuno, libertá-las das mais ou menos velhas ou mais ou menos más restaurações. É difícil! Saber fazer algo tão bem e ter de contentar-se em abster-se ou em desfazer! Mas aqui não se discorre sobre conservação, que aliás é obrigação de todo governo civil, de toda província, de toda comuna, de toda sociedade, de todo homem não ignorante e não vil, providenciar que as velhas e belas obras do engenho humano sejam longamente conservadas para a admiração do mundo. Mas, uma coisa é *conservar*, outra é *restaurar*, ou melhor, com muita frequência uma é o contrário da outra; e o meu discurso é dirigido não aos conservadores, homens necessários e beneméritos, mas, sim, aos restauradores, homens quase sempre supérfluos e perigosos.

Essas últimas propostas, no brevíssimo tempo que nos resta antes do almoço, pretendo demonstrá-las, tratando em primeiro lugar da estatuária, em que a questão é mais simples, depois da pintura, em que começa a intricar-se, e finalmente da arquitetura, em que se caça em um matagal.

***

Deixemos para trás as estátuas perdidas e das quais os escritores nos narram milagres: jazem como os mortos e devemos dar-lhes descanso; mas os senhores bem sabem, como eu, que são raras as figuras antigas de mármore ou de bronze diante das quais não tenha sido pronunciada a feia palavra *apógrafo*. Cópias ou não, cópias fiéis ou licenciosas, são coisas antigas e belíssimas, e com elas podemo-nos contentar. Ora, com raríssimas exceções, as estátuas gregas e romanas (os romanos foram originais e grandes nos retratos) a nós chegaram esquartejadas, manetas, desprovidas de alguns membros, pelo menos de uma ou de outra extremidade. Do século XVI em diante houve a fúria de restaurá-las. As más restaurações ou as medíocres e, em geral, as modernas são facilmente reconhecidas; mas a tarefa torna-se menos rápida quando se trata de restaurações antigas. Não basta ver que um membro está grudado para deduzir que foi acrescentado: as verdadeiras pernas do *Hércules Farnese* foram encontradas em um poço a três milhas do lugar das termas de Caracala, onde por volta de 1540 desenterraram o corpo; além disso, frequentemente os próprios escultores gregos e romanos faziam as estátuas em várias partes. Tampouco basta o reconhecimento de uma leve diferença no estilo: o grupo original do chamado *Touro Farnese* (cito propositadamente as obras que estão vivas na memória de todos vocês, senhoras e senhores) foi trabalhado por dois artífices em conjunto, Apolônio e Taurisco; o *Laocoonte* por três rodienses, Hagesandro, Atenodoro e Polidoro.

De quantos erros não foram causa as restaurações! Os senhores não ignoram a disputa provocada pelo violino colocado por Bernini na mão de um *Apolo*. Conhecem talvez esta grande questão: se os gregos e os romanos ferravam os cavalos. Parecia que não; mas eis que surge um baixo-relevo em que as ferraduras com seus bravos cravos estão ali indicados claros e evidentes; e um arqueólogo de nossos dias, famoso, sempre cauteloso e sagaz, observa-os e grita triunfalmente: *ferravam os cavalos*. Aquelas patas, infelizmente, eram um remendo. O *Arrotino* torna-se um *Esfolador de Mársias*; a *Lucrécia*, descoberta no Trastevere e para a qual um papa, Leão X, escreveu versos latinos, transforma-se em *Ariadne*; o *Jasão* da Gliptoteca de Munique era tido como um *Cincinato*; o *Apolo citaredo*, cujo ombro com o braço direito e a mão esquerda com a maior parte da lira não são genuínos, era conhecido antes sob o nome de *Musa Barberini*; aliás, Winckelmann nele via nada menos do que a *Erato* do estatuário Agelada.

Invoquei o *Hércules em Repouso*, todo músculos, imponente, verdadeiro símbolo da força. Ninguém parecia mais apto do que Michelangelo a acrescentar-lhe as pernas que ainda não haviam sido encontradas. Paulo III chama-o e ordena-lhe que seja feito. O artista põe-se a trabalhar, realiza-as de gesso e ajusta-as ao colosso; examina, reexamina, gira em volta, regira, depois, sacudindo a cabeça, pega um martelo e começa a bater até que as pernas se despedaçassem; e dizem que gritava: "nem mesmo um dedo eu saberia fazer para essa estátua". As pernas foram então acrescentadas por Guglielmo della Porta; somente dois séculos depois se entendeu que eram malfeitas, quando se encontraram, como disse, as pernas de Glícon, se é que a estátua é de Glícon.

Com o grupo do *Laocoonte*, que Plínio coloca à frente de todas as outras obras de estatuária e pintura e no qual nota o "admirável entrelaçamento dos dragões", aconteceu o seguinte: tendo sido desenterrado, há não muito tempo, um antigo grupo pequeno de bronze, reproduzido a partir do *Laocoonte* original, entendeu-se como o braço direito do pai, com o qual ele tenta o supremo esforço de livrar-se de uma das serpentes, e o braço direito do filho menor, elevado em ato de desespero, foram licenciosamente refeitos, já que tanto o pai quanto o menino no grupo de bronze dobram o braço, colocando a mão sobre a cabeça[4]. E assim o pobre senhor Cornacchini, restaurador, ficou vexado.

Citei Plínio anteriormente. Não quero deixar passar a boa ocasião de apresentar-lhes uma sugestão higiênica, tirada de sua *História Natural*, e não alheia à estatuária, sobre a qual discorremos. Se lhes acontecer de terem dor de cabeça, peguem a erva nascida sobre a cabeça de uma estátua e, com um fio vermelho, amarrem-na à roupa: rapidamente ficarão curados (livro XXIV, cap. 19).

---

4. Tal grupo escultórico passou por diversas intervenções, depois de sua descoberta em 1506. No final dos anos 1950, foram retirados os acréscimos sofridos e inserido um fragmento original do braço do pai, que havia sido descoberto.

Mas, em suma, há realmente necessidade desses benditos restauros, que dão a algumas partes da obra antiga um conceito distante do original, ou, pelo menos, não indubitável? Não são admiráveis rotos e manetas o *Torso de Hércules*, chamado *Belvedere*, o *Torso de Baco*, chamado *Farnese*: o primeiro, um espanto de vigor grandioso, mas natural; o segundo, um espanto de delicadeza elegante? Não é admirável e sedutoríssima a *Psique*, encontrada no fim do século passado entre as ruínas do anfiteatro de Cápua e que agora resplandece no Museu de Nápoles? E falta-lhe o braço direito, o braço esquerdo e um pedaço de ombro, e um flanco, e tudo do umbigo para baixo e o cocuruto da cabeça. No dorso existem traços da inserção das asas; e inclina o corpo em ato de graça inefável, e talvez olhe, para baixo, um Amor menino, que deveria estar a seu lado, talvez a lucerna fatal ou a borboleta, que talvez segurasse na mão. Nessas dúvidas vagas, a fantasia inspira-se, deleita-se e enamora-se. É um encanto. Se o próprio Michelangelo, se Canova a tivessem terminado, o gênio independente do desconhecido artífice grego não se teria mais alçado ao nosso encontro; não poderíamos mais voar através dos séculos até o país beato da eterna beleza.

Há uma parte no rosto, talvez a principal nos bustos monocromáticos, que os catálogos estrangeiros bem feitos muito frequentemente registram como restaurada, mas cujo remendo, por sorte, não é difícil descobrir, mesmo quando os catálogos malfeitos, como em geral são os nossos, nada indicam das restaurações. É o nariz, contra o qual, além das quedas, dos desmoronamentos, das ruínas de todas as espécies, também contribui de bom grado o ataque dos gaiatos de hoje; e para convencer-se disso basta passear pelo Pincio, contemplando as efígies dos inumeráveis homens ilustres. Os olhos, espelhos da alma, e a boca, sem a cor das pupilas e dos lábios, perdem muito de sua expressão, ainda mais porque as pupilas no melhor período da arte antiga não eram de fato marcadas, ou desapareceram, porque pintadas ou feitas de esmalte ou incrustadas de pedras preciosas. O nariz, em compensação, tanto de mármore quanto de bronze, de frente como de perfil, imprime à fisionomia o seu destacado caráter: basta uma diferença quase imperceptível na linha de sua junção com o rosto, na sua espessura, na sua forma reta, ou aquilina, ou amassada, ou chata, ou sinuosa e na amplitude das narinas, para alterar o aspecto e a expressão das feições.

Leonardo da Vinci mostra-o nas caricaturas bizarras; e os romanos e gregos tiravam do nariz um indício da alma, como fizeram os fisionomistas posteriormente. Na própria Bíblia, vejam, o Levítico proíbe de aproximar-se do altar "aquele que tem o nariz achatado ou desmedido" (cap. XXI, versículo 18)[5], e o *Cântico dos Cânticos* (cap. VII, versículo 4), não em todas as traduções, mas

5. Na *Vulgata*, lê-se: "nec accedet ad ministerium eius: si caecus fuerit, si claudus, si parvo vel grandi, vel torno naso [...]", *Biblia Vulgata*, Madrid, Biblioteca de Autores Cristianos, 1985. Já na *Bíblia de Jerusalém*, São Paulo, Edições Paulinas, 1981, lê-se: "Pois nenhum homem deve se aproximar caso tenha algum defeito, quer seja cego, coxo, desfigurado ou deformado", sem menções ao nariz.

nas mais fiéis, exclama: "teu pescoço, uma torre de marfim; teus olhos, as piscinas de Hesebon junto às portas de Bat-Rabim. Teu nariz, como a torre do Líbano voltada para Damasco"[6].

Para os judeus o nariz era a sede da cólera, e nós mesmos dizemos *Saltar la mosca al naso*[7], assim como dizemos "ter bom nariz"[8], ou simplesmente "ter nariz", no sentido de ter um bom juízo, de ser prudente, ajuizado, e "tomar ou pegar pelo nariz e meter o nariz e ficar com um tamanho nariz ou com um palmo de nariz"[9]... da maneira que os senhores ficarão, desculpem, depois de terminada esta minha conferência. Não pretendo brincar: o grave, o solene Tommaseo, que não brincava, em seus *Pensamentos Morais*, dedica dois capítulos ao nariz, já cantado pelos poetas, e começa assim: "Grande é o poder do nariz nas simpatias dos mortais". Depois de ter afirmado que "a civilização pode muito com os narizes", sentencia: "Olhos cerúleos, nariz longo: mulher má. – Nariz reto: alma ao menos leve. – Queixo proeminente e nariz longo: bondade. – Nariz que se inclina para beijar a boca: pouco engenho", e continua, mas creio que para nós basta.

Para mim, era urgente mostrar-lhes a suma importância do nariz na fisionomia e na estatuária para poder-

---

6. *Bíblia de Jerusalém*, ed. cit., p. 857. Na verdade, trata-se do versículo 5 em diante.
7. Literalmente, "a mosca pular no nariz", que significa perder a paciência, ter um acesso de cólera.
8. No sentido de ter faro.
9. Ficar desiludido.

-lhes despertar a seguinte interrogação: nos bustos ou nas estátuas, em que falta o nariz, deve-se recolocá-lo ou não? Deixando a cabeça sem nariz, certamente se tolera uma feiura repugnante: podemos fantasiar os braços, as pernas de uma figura, até os ombros ou um pedaço de nuca, mas para adivinhar um nariz que não existe requer-se um esforço superior talvez à nossa imaginação. Por que então não nos deixarmos socorrer por um valente artista que, depois de ter estudado bem o caráter da face rota, complete com mármore, já que pode fazê-lo, aquilo que não conseguimos atingir com nosso engenho idealmente?

Direi qual é o meu sentimento. Para mim, confesso, repugna, mesmo nessa ocasião, mesmo em se tratando de um insigne restaurador, deixar-me enganar. O restaurador, no fim das contas, oferece-me a fisionomia que lhe agrada; o que eu quero mesmo é a antiga, a genuína, aquela que saiu do cinzel do artista grego ou romano, sem acréscimos nem embelezamentos. O intérprete, ainda que grandíssimo, enche-me de ferozes suspeitas. Somente em um caso o remendo pode parecer tolerável, até mesmo, às vezes, desejável: no caso da estátua ou do retrato em que houvesse outros exemplares seguros e completos, ou pelo menos medalhas claras ou camafeus evidentes.

Teoria geral para a escultura: RESTAURAÇÕES, DE MODO ALGUM; E JOGAR FORA IMEDITAMENTE, SEM REMISSÃO, TODAS AQUELAS QUE FORAM FEITAS ATÉ AGORA, RECENTES OU ANTIGAS.

***

Antes de passar à pintura, entendamo-nos em dois pontos. O primeiro é o seguinte. Aquele que, trazendo de uma arte do passado todos os elementos da própria obra, a executa nova em folha, não tem nada em comum com o restaurador. No Castelo em que estamos, na vila aqui ao lado, todos os conceitos e todos os detalhes, tanto da arquitetura como da ornamentação, foram tirados (e o Catálogo não cansa de demonstrá-lo) de modelos efetivos do século XV; mas tudo é, como se sabe, recomposto, de modo que o trabalho aparece como uma verdadeira obra de arte, na qual não sabemos se devemos elogiar mais a escrupulosa cautela do arqueólogo e a fiel fineza do copista, ou o gênio refazedor do arquiteto e o espírito do artífice, adivinho de singulares aspectos prospéticos e românticos. A vida, que está aqui dentro, veio do ânimo criador; o belo, que nos comove, não é o parto grave do estudo, é o filho volante da imaginação.

Duprè não era um restaurador, quando, jovenzinho, esculpia em buxo um crucifixo, *roubando aqui e ali*, e o *Cristo* vem a ser julgado do século XV por Bartolini, que entendia do assunto; nem quando entalhou um cofre com muitos enfeites e uma cabeça de Medusa, o qual, depois de o mesmo Bartolini o ter declarado um dos trabalhos mais belos do Tasso marceneiro, feito a partir dos desenhos de Benvenuto Cellini, foi vendido à marquesa Poldi de Milão: e a marquesa, passados alguns anos, mostrou-o a Duprè como uma insigne obra antiga, quando o artista, experimentando certo remorso, disse: "Senhora marquesa, perdoe-me, este trabalho é meu", e a marquesa, em resposta: "Não importa, aliás, gosto dele". Duprè pediu-lhe somente que não dissesse nada ao grande mestre iracundo e ranzinza.

Buonarroti não era um restaurador quando, aos vinte anos, executava em mármore aquele *Cupido Dormente*, que, ao preço de duzentos ducados, um milanês vigarista impingiu como antigo ao cardeal de San Giorgio, o qual, diferentemente da marquesa Poldi, não se pôde dar paz por ter sido enganado, apesar de, depois, Isabella, marquesa de Mântua, ter escrito do *Cupido*: "não há nada moderno que se compare". Está à mostra aqui no precioso Museu Arqueológico o *Menino* sobre o qual discorro. Pobre Michelangelo, caluniado!

Não eram restauradores aqueles artífices romanos, de quem Fedro trata, os quais, como ele atribuía a Esopo as próprias fábulas, punham sob suas obras os nomes de Praxíteles, de Miron ou de Zêuxis; e mais largamente as comerciavam, pois, nota Fedro, "a inveja maligna exalta sempre as coisas antigas em prejuízo das boas coisas presentes".

O segundo ponto a destacar é o seguinte: não se pode chamar restauração a qualquer operação que, não se intrometendo de fato naquilo que é arte na obra antiga ou velha, busca apenas a sua conservação material.

A enorme barbacã que o papa mandou construir em 1805 para reforçar o Coliseu não é uma restauração, mas um benéfico provimento, graças ao qual os restos do anfiteatro, que os predecessores de Pio VII não tiveram sucesso em destruir, não caíram por terra. Não é restauração embeber o mármore das estátuas com um líquido que consiga preservá-lo contra a ação corrompedora do tempo, devolvendo-lhe sua primitiva compacidade, consistência e transparência. Se as experiências afortunadas que também se tentam agora na Itália puderem ser estendidas aos grandes blocos, os senhores verão as vantagens que delas tiraremos. Assim, o *Davi* retornaria à Praça da Signoria, diante do Palazzo Vecchio, ao lado da Loggia de' Lanzi, onde o havia colocado seu terrível autor; não viveria aprisionado melancolicamente em uma tribuna fechada, que não proporciona ar suficiente à respiração daquele amplo tórax, e da qual o seu corpo robusto e esbelto desejaria derrubar as paredes e fazer cair a cúpula.

Também na pintura é possível emular o cirurgião, que com mão atenta opera e salva a vida e restitui a saúde. Não falo dos milagrosos vernizes que alguns espalham na superfície das pinturas e que, frequentemente, dando um brilho fictício e passageiro pioram, com o tempo, a real condição da obra; mas penso na transposição da madeira, da tela ou da parede para uma madeira, tela ou parede novas. São operações que requerem muito cuidado e maravilham. Para libertar-se das madeiras despedaçadas, encurvadas e com brocas, é necessário aplainar ligeirissimamente a madeira atrás da pintura; depois, retirar as últimas fibras, uma por uma; em seguida, tirar aqui com uma esponja molhada, ali, através da raspadeira, com delicadeza infinita, a imprimadura, a própria mistura de tintas, deixando intacta, mas descoberta, a sutil folha da cor, onde aparecem as tintas da preparação, os primeiros traços do desenho e os *pentimenti* e as mudanças. Entra-se assim na fantasia do artista, espiam-se as suas perplexidades, os seus contrastes, quase se adivinham os seus fervores e os desenganos de seu ânimo. O princípio da obra, e o fim, a primeira página e a última, o inquieto esboço e a sublime obra-prima, que talvez tenham requerido o intervalo de longos anos de estudo; ei-los diante de nossos olhos, divididos pela espessura de uma superfície tão grossa quanto uma folha de papel.

Se a pintura, ao contrário, é sobre tela apodrecida ou estragada, é necessário tirar-lhe a trama fio a fio. Assim desnudada a obra do pincel, ela é recolocada com uma cola tenaz sobre uma nova tela ou madeira e o trabalho está terminado. Para o bom afresco, a operação não resulta muito diferente; mas apresenta mais riscos, não tanto por causa do nitro, dos criptogramas e das partes estufadas, mas por causa dos retoques a seco, que suportam mal a umidade da cola. E apesar disso, tentou-se a transposição do bom afresco (não do pedaço da parede, digo, mas apenas da superfície), desde o princípio do século passado, enquanto a transposição da pintura a óleo foi executada em 1729 por um romano, Domenico Michelini, e pouco depois por um francês, Pierre Picault, que trabalhou sobre um vasto quadro de Andrea del Sarto em Versalhes, e depois, em 1752, sobre o *São Miguel* de Rafael no Louvre. Nós, vinte ou vinte cinco anos já se passaram, voltamos, com grande alarde, a inventar os métodos que já existiam há muito tempo, e que agora encontram uma aplicação difusa e segura em todas as principais pinacotecas italianas.

***

Até aqui não se tratou de assunto de pintor nem de restaurador; mas quando realmente se chega ao momento de tocar uma pintura, surgem as controvérsias. Mesmo assim, é necessário confessar que os pintores-restauradores dão exemplo de rara unanimidade em duas coisas essenciais. Primeira: ao jurar por todos os deuses que sobre os quadros que foram confiados às suas mãos não deram, arbitrariamente, nem mesmo a mais leve pincelada, não acrescentaram nem mesmo a mais pálida velatura. Segundo: ao lançarem-se uns contra os outros, pelas costas, e às vezes até mesmo cara a cara, os doces títulos de falsificadores e ignorantes.

— Então estamos entendidos, Senhor Professor, o senhor só deve tirar as gotas de cera, caídas dos candelabros do altar, sobre este pobre Ticiano. Estamos de acordo?

— Imagine! Senhor Diretor, se me ordenasse trabalhar na pintura, diria não. Preferiria morrer de fome. Com as gotas de cera, entenda-se, devo espanar a poeira. Veja aqui, ao tocar, como o dedo fica sujo.

— A poeira, parece-me justo.

— E também a fuligem.

— Mas, por favor! Com água pura.

— Claro: água destilada. Aliás, deixe-me experimentar. Viu como maltrataram aquele Gaudenzio. As mãos foram todas despeladas, não há mais cor; e depois a cabeça, que se destacava pela luz no ar, agora se destaca pelo tom; o ar foi repintado; o manto da Madona, não lhe parece assim? Era de um valor diferente.

– Tem razão, Senhor Professor, não se reconhece mais o Gaudenzio. Que sacrilégio!

– Oh, se pensassem na responsabilidade do restaurador! É um sacerdócio o nosso. Eu, veja bem, me aproximo de um quadro velho com mais devoção do que quando vou ajoelhar-me diante do altar. Veja, veja como já neste canto a cor revive. Pena que haja tantas restaurações! Este pano foi refeito por um bárbaro: até um que não é do ofício percebe. Examine, toque.

– Certamente, o Senhor diz bem, o pano azul foi refeito; mas o que estará embaixo?

– O pano original, eu juro. Devo prová-lo? Basta um pouco de gaze levemente embebida neste inocente líquido alcalino.

– De verdade, não sei.

– Senhor Diretor, esta é ou não uma infame restauração? Se é uma restauração, o que tem a ver com Ticiano, aliás, não esconde Ticiano? Querendo ter-se o genuíno Ticiano, é necessário que se retire esta cobertura. Verdade, ou não?

– Verdade.

– Note com quanta doçura: mal se toca; mas é necessária uma santa paciência e deve-se ter a mão leve como o vento. Estive em Turim, por causa de um negócio, no ano passado. Aquele Tamburini, barbeiro milanês, estragou quadros nos tempos de Vittorio Emanuele I, e para raspar a cor antiga, lembrando seu primeiro ofício, usava a navalha. E como era amigo dos camaristas, elegeram-no *conservador* dos quadros dos palácios reais.

— Ó barbeiro esfolador!

— O Senhor ri, mas Fígaro fez escola. Há alguns meses, em uma cidade da Itália (não quero dizer qual) a Academia de Belas Artes confiou a um velho restaurador um grande quadro de Lorenzo Lotto, para que o limpasse sob a vigilância de uma solene Comissão. Todas as manhãs a Comissão ia dar uma olhada. No chão, sob a tela, alguém havia notado como que montinhos de raspas. No início pensaram que fosse tabaco; mas em um belo dia, junto ao cavalete, descobrem ferros, cinzéis, alguns pequenos, outros grandinhos, e todos muito cortantes. Observam bem, espiam. O restaurador, em vez de lavar, raspava as sujeiras, com a fúria de cinzéis, e junto com as sujeiras, as cores; e depois, onde lhe parecia que as carnes não eram suficientemente luminosas, com o cinzel tracejava a seu modo até encontrar o branco da imprimadura. Disso nasceu um diabinho. Prontamente se retirou o trabalho do pobre velho; mas o quadro ainda carrega os traços dos ferros, especialmente em dois ou três anjinhos, voando nos ares ... Veja, Senhor Diretor, o pano azul dá lugar ao original. É uma revelação.

— Parece-me que sim. Mas como é pálida a cor que está embaixo; parece um claro-escuro.

— Porque está molhado. Espere um pouco até que

seque. Conheço bem a maneira de Ticiano. Antes do quadro de *Adão e Eva*, que o Vecellio deixou inacabado, e no qual Tintoretto fez o Adão e Lodovico Pozzo de Treviso executou a aldeia, e Bassano acrescentou os animais, eu, com os olhos vendados, tocando, parei meu dedo sobre os joelhos de Eva e gritei: eis o meu Ticiano. Mas enquanto se discutia, procurei, veja, expurgar um canto do fundo da repintagem. Veja que belo verde, que verde querido!

– Muito bem. O Senhor conhece, Professor, a estima que lhe tenho; mas os regulamentos obrigam-me a nomear uma Comissão. A Comissão, de resto, não o aborrecerá. Até logo.

A Comissão é nomeada. A princípio resiste, depois se aborrece e deixa as coisas caminharem, e ao fim, tendo deixado andar, aprova, com exceção dos casos de grandes escândalos, como o de Lorenzo Lotto; e o restaurador, arrastado por uma invencível fatalidade, dominado por uma força irresistível, continua o próprio trabalho. Por quê, de fato, conservar religiosamente em um quadro velho os borrões que em parte o escondem e tiram-lhe todo o esplendor da beleza? A obra-prima em tal estado não deve ser considerada quase perdida? Seria um mal tentar libertá-la daquele denso véu negro, daqueles hórridos borrões, devolvendo-a à admiração de todos?

Esse é o primeiro passo bastante razoável e, às vezes, de fato, inevitável. Mas ao retirar os velhos retoques e restauros, por mais cuidado que se tenha, não temos sempre certeza de não retirar um pouquinho da cor primitiva. E quando o restaurador entende ter despelado, como se diz, a pintura e teme a crítica, ele sabe sempre resistir às fáceis tentações de seu ofício? Trata-se de uma veladura; mas assim como a limpeza de uma parte pede a limpeza de outra, a veladura pede outra, velar obriga frequentemente a repintar. Aonde se vai parar?

O restaurador deve ser então uma espécie de operário, que encontra na própria ignorância o mais seguro dos freios para repintar e para completar; ou deve ser um pintor, consciencioso, entenda-se, mas também hábil em todas as técnicas da pintura e perito nos vários estilos da arte?

Eu, confesso, temo nesse caso a ambição do sábio; mas temo ainda mais a ambição do ignorante. Não basta, infelizmente, o não saber fazer para não fazer. Ora, nas restaurações da pintura eis aqui o ponto chave: PARAR A TEMPO; e aqui está a sabedoria: CONTENTAR-SE COM O MENOS POSSÍVEL.

**

Em geral, nós, que discorremos sobre arte, fazemos como o padre Zappata, o qual "deveríamos seguir em palavras, mas não em feitos"[10]; mas em nenhum campo é tão difícil operar e tão fácil refletir quanto naquilo que se refere à restauração dos monumentos arquitetônicos. Os senhores escutam, a todo momento, os deputados na

---

10. No original, "predicava bene e razzolava male", expressão idiomática que significa que só em palavra se comportava bem.

Câmara, os jornalistas em seus textos ligeiros, os engenheiros em seus congressos, os acadêmicos nas suas assembleias, ditar sentenças repletas de sabedoria em relação aos modos de conservar para os nossos netos, sem que percam nada do aspecto antigo, as grandes obras de nossos avós. E os pobres arquitetos, os pobres membros das Comissões, encarregados de algumas restaurações, são gente que deveria estar na berlinda ou ser mandada diretamente ao patíbulo; e sentimo-nos felizes quando se pode fazer eco aos nobres desdéns dos estrangeiros, notadamente dos ingleses, reavivando-os e enfocando-os de novo.

O mal deve ser revelado sem remissão, estamos de acordo; mas, antes de gritar *bárbaro*, seria necessário examinar se o bárbaro poderia ter feito de outro modo. Todos os senhores conhecem Veneza. Não é uma cidade deste mundo: é uma miragem divina. Eu, entretanto, a imagino ainda mais bela. Quando, como em Aquileia, como em Grado, como em Torcello, o assoreamento trazido pelos rios tiver enterrado as lagunas, e as febres tiverem expulsado os últimos míseros habitantes, e todas as casas tiverem ruído, e sobre os amplos espaços cobertos de ervas as arvorezinhas magras tiverem produzido uma breve sombra, se levantarão todavia, ao cair da tarde, sob as nuvens douradas, os remanescentes de alguns vetustos edifícios. A igreja dos Frari mostrará desventradas as suas enormes naves; de longe, a avolumada cúpula da Salute dominará impassível; mais distante, o templo dos Santos João e Paulo será um amontoado de ruínas, com exceção das cinco absides, e restará intacto o Colleoni sobre o pedestal disforme, mas os ornatos do Hospital, tão finos, tão delicados, deverão ser procurados entre os restos e os fragmentos. A praça de São Marcos, que estupor! Três cúpulas da basílica, periclitantes, ainda não terão caído; os mosaicos do interior das abóbadas poderão ser vistos da parte de fora e, através das lacerações das muralhas desmanteladas, resplandecer o ouro; e os mármores e os pórfiros e os alabastros das colunas rotas emitirão, naquela tristeza sepulcral, estranhas cintilações.

Quanto ao Palácio Ducal, o mais maravilhoso palácio do mundo, não pareceria necessário, deixando-o como estava, esperar mil ou dois mil anos, nem talvez cem ou dez, antes de vê-lo reduzido ao apropriado ideal de pitoresca beleza. Boa parte das bases e dos capitéis, e alguns fustes de colunas, e muitos pedaços dos ligamentos dos arcos estavam reduzidos a fragmentos. Agora é necessário também que os blocos de pedra, que não sustentam mais, sejam substituídos por novos. Certamente, é uma pena; certamente, é uma profanação; mas, enfim, o que se queria era o palácio em pé ou por terra? Alguém diz: deveriam fazer um novo núcleo para os capitéis, por exemplo, e depois recolocar ao seu redor a superfície dos antigos, com as suas folhagens e as suas pequenas figuras admiráveis. É mesmo? E os senhores creem que esses capitéis, já despedaçados e dilacerados, reduzidos assim a um fino folheado, não estariam, após alguns anos, dissolvidos a pó? Uma vez destruídos, quem mais os admiraria? Não seria melhor reproduzi-los minuciosamente e guardar os antigos em uma sala ali ao lado, onde os estudiosos, presentes e futuros, poderão pesquisá-los a seu bel-prazer? Faz-se o que se pode neste mundo; mas nem mesmo para os monumentos se encontrou, até agora, a *Fonte da Juventude*.

Há dois anos, uns cinquenta pintores, escultores e arquitetos, entre os quais Favretto, Mion, Dal Zotto, Marsili e outros intrépidos, fizeram uma adesão formal a um opúsculo sobre o *Futuro dos Monumentos em Veneza*, escrito com furor, rico em coisas poéticas e em coisas sábias, no qual se lê:

> Não nos iludamos, é impossível, tão impossível quanto ressuscitar um morto, restaurar qualquer coisa que foi grande e bela em arquitetura... Replicarão: pode surgir a necessidade de restaurar. Concedamos. Olhe-se bem nos olhos tal necessidade e compreenda-se o que significa. É a necessidade de destruir. Aceitem-na como tal, destruam o edifício, dispersem as pedras, façam delas lastro ou cal se quiserem; mas façam isso honestamente, e não coloquem uma mentira no lugar do verdadeiro[11].

---

11. O trecho da obra *L'Avvenire dei Monumenti in Venezia* (Venezia, Fontana, 1882), citado por Boito, tem sua origem nos escritos de John Ruskin, especificamente na *Lâmpada da Memória*, publicado nas *Sete Lâmpadas da Arquitetura* pela primeira vez em 1849. [A Ateliê Editorial publicou *Lâmpada da Memória* em 2008, na coleção Artes & Ofícios.] Cf. Ruskin, *The Seven Lamps of Architecture*, 6ª ed., Sunnyside, Allen, 1889, pp. 194 e 196: "Do not let us deceive ourselves in this important matter; it is *impossible*, as impossible as to raise the dead, to restore anything that has ever been great or beautiful in architecture. [...]
But, it is said, there may come a necessity for restoration! Granted. Look the necessity full in the face, and understand it on its own terms. It is a

Isso segue uma lógica, mas uma lógica impiedosa. Não podendo conservar incólume o monumento, destruí-lo, ou deixá-lo, sem reforços e sem as inevitáveis renovações, morrer de sua morte natural, em paz. A arte do restaurador, volto a dizê-lo, é como a do cirurgião. Seria melhor (quem não o vê?) que o frágil corpo humano não precisasse dos auxílios cirúrgicos; mas nem todos creem que seja melhor ver morrer o parente ou o amigo do que fazer com que lhes seja amputado um dedo ou que usem uma perna de pau.

Disse no princípio que a arte de restaurar é recente e que podia encontrar as suas teorias somente em uma sociedade que não tivesse nenhum estilo seu na arte do Belo, mas que fosse capaz de compreendê-los e, quando oportuno, de amá-los todos. Encontramo-nos nesse caso há pouco mais de meio século; mas, apesar de o tempo ser breve, até mesmo os critérios sobre o restaurar se transformaram, principalmente nesses últimos anos. Nem eu, senhores, confesso-o, sinto-me livre de alguma contradição.

Existe uma escola, já velha, mas não morta, e uma nova. O grande legislador da velha foi Viollet-le-Duc,

---

necessity for destruction. Accept it as such, pull the building down, throw its stones into neglected corners, make ballast of them, or mortar, if you will; but do it honestly and do not set up a Lie in their place".
Em outro texto de Boito em que é abordada a restauração, *Questioni Pratiche di Belle Arti* (Milano, Hoepli, 1893), o autor repete essa citação atribuindo-a Favretto (o pintor Giacomo Favretto, nascido em Veneza em 1849 e morto em 1887) e a "outros intrépidos" (p. 11), sem relacioná-la a Ruskin. Boito cita Ruskin mais adiante (p. 19), a respeito de comentários sobre Murano, qualificando-o de fantástico.

que com seus estudos históricos e críticos sobre a arte da Idade Média na França fez progredir a história e a crítica também na Itália. Foi também arquiteto, mas de valor contrastante, e restaurador, até há pouco elevado aos céus por todos, agora afundado no inferno por muitos pelas suas mesmas obras na antiga cidade de Carcassonne, no castelo de Pierrefonds e em outros insignes monumentos. Eis a sua teoria, da qual derivou sua prática: "Restaurar um edifício quer dizer reintegrá-lo em um estado completo, que pode não ter existido nunca em um dado tempo"[12]. Como fazer? Colocamo-nos no lugar do arquiteto primitivo e adivinhamos aquilo que ele teria feito se os acontecimentos o tivessem permitido finalizar a construção. Essa teoria é cheia de perigos. Com ela não existe doutrina, não existe engenho que sejam capazes de nos salvar dos arbítrios: o arbítrio é uma mentira, uma falsificação do antigo, uma armadilha posta aos vindouros. Quanto mais bem for conduzida a restauração, mais a mentira vence insidiosa e o engano, triunfante. Que diriam os senhores de um antiquário que, tendo descoberto, digamos, um novo manuscrito de Dante ou de Petrarca, incompleto e em grande parte ilegível, se propusesse a completar, de sua cabeça, astutamente, sabiamente, as lacunas, de modo que não fosse mais possível distinguir o original dos acréscimos? Não maldiriam a habilidade suprema desse falsário? E até mesmo poucos

---

12. Cf. a tradução do texto de E. E. Viollet-le-Duc, *Restauração*, São Paulo, Ateliê Editorial, 2000, p. 29.

períodos, poucos vocábulos interpolados em um texto não lhes enchem a alma de tédio e o cérebro de dúvidas? Aquilo que parece tão reprovável no padre Piaggio e no monsieur [*sic*] Silvestre, seria, ao contrário, razão de louvor para o arquiteto restaurador?

Em 1830, Vitet foi nomeado inspetor geral dos monumentos históricos na França e, cinco anos depois, foi substituído por Mérimée, aquele autor de graciosos romances, o qual chamava os italianos "un tas de fumistes et de musiciens"[13], e declarava desprovida de gosto e de imaginação a arquitetura dos palácios venezianos, e notava como toda a música de Verdi *et consorts* se assemelhava a uma roupa de arlequim, e de Milão, dizia: "Vous ai-je parlé des cailles au riz qu'on mange à Milan? C'est ce que j'ai trouvé de plus remarquable dans cette ville"[14]. Isso importa pouco, mas Mérimée foi também secretário de uma Comissão eleita em 1837 para classificar e conservar os monumentos franceses, a qual falava coisas preciosas. Ouçam:

> Nunca se repete suficientemente que, em relação à restauração, o primeiro e inflexível princípio é este: não inovar, mesmo quando se fosse levado à inovação pelo louvável intento de completar ou de embelezar. Convém deixar incompleto e imperfeito tudo aquilo que se encontra incompleto e imperfeito. Não

---

13. Em francês no original. "Um monte de levianos e de músicos". A palavra francesa *fumiste* tanto se refere ao limpador de chaminés quanto a uma pessoa que não leva seu trabalho a sério.
14. Em francês no original. "Falei para vocês sobre as codornas com arroz que se come em Milão? É o que encontrei de mais notável nessa cidade."

é necessário permitir-se corrigir as irregularidades, nem alinhar os desvios, porque os desvios, as irregularidades, os defeitos de simetria são fatos históricos repletos de interesse, os quais frequentemente fornecem os critérios arqueológicos para confrontar uma época, uma escola, uma ideia simbólica. Nem acréscimos, nem supressões.

Em 1837, realmente, "do dito ao feito existia uma grande distância"; mas e agora? Não poderia alguém interromper-me, gritando: "entre o dizer e o operar existe em meio o mar?"[15] Quanto me dói que a hora do almoço me impeça de poder mostrar-lhes, senhores, em que casos certas exceções devem vencer a santa regra geral, e como o Gênio, que se chama *civil*, é a maior praga dos monumentos italianos e, finalmente, de que modo o Governo poderia e deveria reordenar utilmente seu gabinete nessa matéria. Assim, sobre as restaurações arquitetônicas, concluo:

1º É NECESSÁRIO FAZER O IMPOSSÍVEL, É NECESSÁRIO FAZER MILAGRES PARA CONSERVAR NO MONUMENTO O SEU VELHO ASPECTO ARTÍSTICO E PITORESCO;

15. No original essas duas expressões, "dal detto al fatto c'era un gran tratto" e "tra il dire e il fare c'è in mezzo il mare", significam que existe uma grande distância entre o falar e o fazer. Na tradução, procurou-se manter um pouco da sonoridade das frases italianas. Boito, em *Questioni Pratiche di Belle Arti* (Milano, Hoepli, 1893) retoma ou, mesmo, repete literalmente certos trechos desta conferência. Em relação ao panorama francês dos anos 1830, afirma (p. 13): "In quegli anni, per codeste faccende, tra il dire e il fare c'era in mezzo non un mare qualsiasi, ma l'Oceano, e ora c'è tuttavia un lago od uno stagno". [Naqueles anos, no que se refere a esses assuntos, entre o dizer e o operar existia em meio não um mar qualquer, mas o oceano, e agora existe todavia um lago ou um tanque.]

2º É NECESSÁRIO QUE OS COMPLETAMENTOS, SE INDISPENSÁVEIS, E AS ADIÇÕES, SE NÃO PODEM SER EVITADAS, DEMONSTREM NÃO SER OBRAS ANTIGAS, MAS OBRAS DE HOJE.

***

Antes de terminar, gostaria de dizer-lhes, senhores, que me veio um remorso. Temo ter caluniado os séculos passados ao repetir-lhes que sabemos excogitar melhor do que nossos predecessores as belezas do passado. O fato é verdadeiro; mas nós pesquisamos, por exemplo, a Antiguidade Clássica através do terso cristal da nossa crítica erudita, aguda, pedante, esmiuçadora, curiosa, enquanto, por exemplo, o Renascimento a via através da lente de seu próprio gênio artístico singular e, jurando imitar, recompunha, recriava. Tanto a nossa é uma piedosa sabedoria infecunda, quanto aquela era uma invejável ignorância prolífica.

Temos pouco com que nos alegrar. Pensando como é avaro, sórdido o Balanço do nosso Reino em tudo aquilo que se refere às incontrastáveis glórias históricas italianas – os monumentos, as artes, as indústrias artísticas –; pensando nos inumeráveis objetos belos de todas as espécies e de todos os tempos, que a velha Itália soube realizar, e que hoje a nova sabe vender, sente-se o rubor aquecer a face, e recorda-se aquele rei ostrogodo, que, com a pena de Cassiodoro, escrevia ao prefeito de Roma:

> O decoro das construções romanas exige que tenhamos um curador, para que essa admirável abundância de obras seja

conservada com diligência. A nossa generosidade não desiste da intenção de manter as coisas antigas e de vestir as novas com a glória da antiguidade.

E pensamos nas palavras de uma dama, dignas de serem repetidas, não somente aos negociantes ávidos, mas também ao duque milionário, que vende aos estrangeiros a pintura de Pietro Perugino, e ao conde milionário, que vende aos estrangeiros a *Família de Dario*, pintada por Paolo Veronese para os ancestrais do mesmo patrício vil que dela faz dinheiro. Havia pois em Florença um certo senhor Battista della Palla, homem facultoso, narra Varchi, e bom de prosa, que andava colecionando, o quanto mais pudesse, esculturas e pinturas e medalhas e outras coisas antigas, e as mandava ao rei Francisco de França. Ora, ele tanto falou que persuadiu a Senhoria a dar ordem para que fossem pagos e depois retirados, para dá-las àquele rei, os ornamentos da câmara de Pierfrancesco Borgherini, onde tinham trabalhado Iacopo da Pontormo, Granacci, Baccio d'Agnolo e Andrea del Sarto. Apresentou-se, com os mensageiros dos Senhores, Battista della Palla na casa de Pierfrancesco, e ali encontrou a mulher deste, a senhora Margherita, filha de Ruberto Acciaiuoli, a qual disse:

> Pois então você quer ousar, Giovambattista, vilíssimo regateador, mercadorzinho ordinário, arrancar os ornamentos das câmaras dos fidalgos e despojar esta cidade das suas mais ricas e honoráveis coisas, como fez e ainda faz para embelezar as localidades estrangeiras e os nossos inimigos? Isso, vindo de você, não

me admira, homem plebeu e inimigo da sua pátria; mas dos magistrados desta cidade, que permitem essas suas abomináveis celeridades... Saia desta casa com essa sua quadrilha, Giovambattista, e vá, e diga a quem o enviou, mandando que estas coisas sejam levadas de seu lugar, que eu sou aquela que não quer que nada daqui de dentro se mova.

Prouvera ao Céu, senhoras e senhores, que um fato assim indigno e um amor como esse aquecessem o nosso ânimo para preservar para a Itália os monumentos da sua grandeza passada!

Título	Os Restauradores
Autor	Camillo Boito
Editor	Plinio Martins Filho
Tradução	Paulo Mugayar Kühl
	Beatriz Mugayar Kühl
Capa	Paula Astiz
Projeto Gráfico	Tomás B. Martins
Editoração Eletrônica	Aline E. Sato
	Amanda E. de Almeida
Revisão de Texto	Renata Maria Parreira Cordeiro
Formato	12,5 x 20 cm
Tipologia	Bodoni Book
Papel	Pólen Bold 90 g/m² (miolo)
	Cartão Supremo 250 g/m² (capa)
Número de Páginas	64
Impressão e Acabamento	Lis Gráfica